The Wire Design Jewelry

はじめてのワイヤーデザイン
リング & ブレスレット

塚本ミカ 著

Message
はじめに

ひと粒の天然石がワイヤーの装飾によって、
思いがけないほど美しいジュエリーにグレード
アップします。ワイヤーはデザインの可能性を
大きく広げてくれるのです。

ワイヤーをカールする、捻る、束ねる、編む、
などの技法で、優美な装飾を作ることができます。
たとえば、アンティークなフィリグリー（金線細工）を
イメージして、金の糸のようにワイヤーを使い、
繊細なレース模様を作ります。
さらにワイヤーを何層も重ね天然石を編み込んで、
ゴージャスな幅広のブレスレットを作ることが
できました。ブレスレットは留め金の部分も
手作りのオリジナル・デザインです。

糸を通す穴のないルースも形に合わせて、ワイヤーで
フレーミングしアンティーク風の爪留めをすれば、
天然石の色、透明感、輝きが生きて手作りとは
思えないほどの優美なジュエリーに仕上がります。
原石もワイヤーを自由に巻くフリーフォームで
ラッピングすると、洗練された作品になります。

ワイヤーデザインは1mm単位の微調整など、細かい作業ですが、
何回も練習や作り直しをして、丁寧に作ることが大切です。
掲載したレシピは原寸大ですので、作品を作る過程で、
形を上から合わせて確かめながら進めてみてください。
あなたの手作り作品がさらに素晴らしくなることを願って。

塚本ミカ

CONTENTS 目次

Chapter 1

4 作品集〜リング編〜

Chapter 2

24 ワイヤーデザインジュエリーの基本テクニック

- 25 主な材料（副素材）
- 26 石のカットの種類
- 27 基本の道具
- 29 制作の基礎
- 35 爪留めの基本① ワイヤーの束ね方
- 36 爪留めの基本② 爪留めの仕組み
- 37 爪留めの基本③ エメラルドカットのアールヌーヴォー装飾
- 38 爪留めの基本④ ファセットカットのレース装飾
- 39 爪留めの基本⑤ カボションのビクトリアン装飾
- 41 ワイヤーラッピングの基本① フリーフォームラッピング
- 43 ワイヤーラッピングの基本② カボションのフラワーレースラッピング
- 45 ワイヤーラッピングの基本③ カボションのアールヌーヴォーラッピング

Chapter 3

47 リング作品のレシピ

- 48 作品01 バラのつぼみ
- 49 作品02 スミレの花の王冠
- 50 作品03 緑の木かげのレース模様
- 51 作品04 クローバーの白い花
- 52 作品05 青空に、ひこうき雲
- 53 作品06 野いちごを摘んで
- 54 作品07 青空を映した湖
- 55 作品08 オレンジ色で自分にエール
- 56 作品09 緑のステンドクラス
- 57 作品10 つるバラ咲いた
- 58 作品11 天使のつばさ
- 59 作品12 ハート・オブ・ゴールド
- 60 作品13 クイーンのティアラ
- 62 作品14 プリンセスのティアラ
- 63 作品15 草加曲線のアールヌーヴォー
- 64 作品16 ヴィクトリアンのレース模様
- 65 作品17 青の美術館
- 66 作品18 月夜のレインボー
- 67 作品19 アールデコの太陽
- 68 作品20 イブニング・エメラルドの煌めき
- 69 作品21 レモンの香りのアールヌーヴォー
- 70 作品22 刺繍レースのエレガンス
- 72 作品23 オリエントの空に憧れて

Chapter 4

74 作品集〜ブレスレット編〜

Chapter 5

81 ブレスレット作品のレシピ

- 82 作品24 小さな海をこの手に
- 83 作品25 スタイリッシュ・パープル
- 84 作品26 舞いあがる蝶のリボン
- 86 作品27 美しい手のためのオートクチュール
- 88 作品28 海辺の月光時間
- 89 作品29 アラビアン・アラベスク
- 90 作品30 水が描くポルカドット
- 91 作品31 リラの花咲くガーデン
- 93 作品32 オリーブの実を集めて
- 94 作品33 雨音はチェンバロの調べ
- 95 塚本ミカの作品と講座について

Chapter

1

WORKS MADE IN
THE WIRE DESIGN JEWELRY

———

Ring

リング編

バラのつぼみ
Rose Bud
→ p.48

スミレの花の王冠
Violet Crown
→ p.49

緑のステンドグラス

Bright Emerald
→ p.56

オレンジ色で
自分にエール

Cheerful Orange
→ p.55

緑の木かげのレース模様

Swinging Leaf
→ p.50

青空に、ひこうき雲
Contrail in The Blue Sky
→ p.52

クローバーの白い花
White Flowers of Clover
→ p.51

野いちごを摘んで

Vivid Ruby
→ p.53

青空を映した湖

Azure Blue
→ p.54

つるバラ咲いた

Sweet Dreamer
→ p.57

ハート・オブ・
ゴールド

Heart of Gold
→ p.59

天使の
つばさ

Angel's Wing
→ p.58

クイーンのティアラ

Queen's Tiara
→ p.60

プリンセスのティアラ

Sun & Moon Fusion
→ p.62

ヴィクトリアンのレース模様

Victorian Lace
→ p.64

草花曲線のアールヌーヴォー

Artnouveau Revial
→ p.63

青の美術館

My Blue Museum
→ p.65

イブニング・エメラルドの煌めき

Brilliant Evening Emerald
→ *p.68*

オリエントの空に憧れて

Longed-for Exoticism

→ p.72

月夜のレインボー

Moonlight Rainbow
→ p.66

アールデコの太陽

Art Deco Sun
→ p.67

刺繡レースのエレガンス

Elegance of Embroidery Lace
→ p.70

レモンの香りの
アールヌーヴォー

Citrus Note
→ p.69

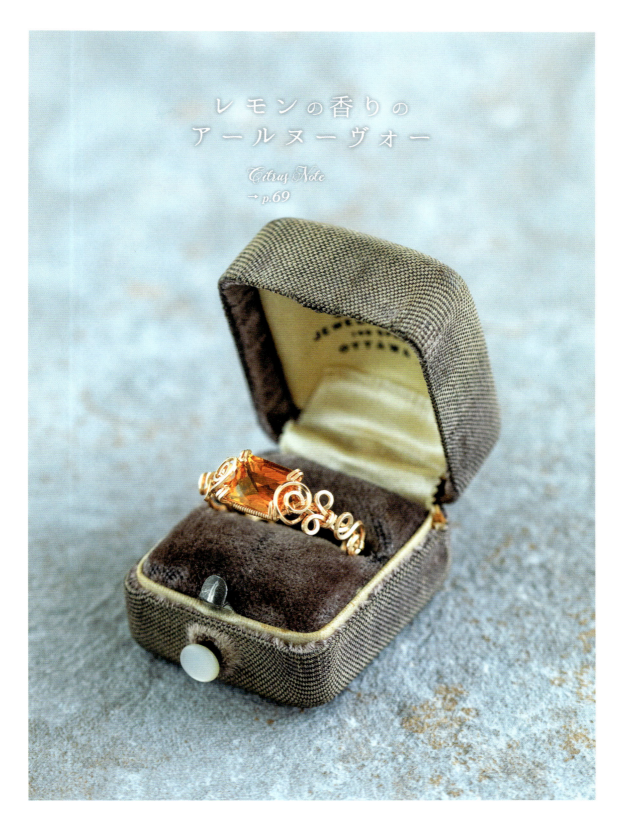

Chapter

2

BASIC TECHNICS OF
THE WIRE DESIGN JEWELRY

———

ワイヤーデザインジュエリーの
基本テクニック

本書で掲載している作品に必要な材料や道具、
ワイヤーデザインジュエリーの基本テクニックを解説します。

PARTS & MATERIAL

主な材料（副素材）

ワイヤーデザインジュエリーを作る上で必要な主な材料や副素材を紹介します。

ビーダロンジャーマンスタイルワイヤー〈色〉ノンターニッシュブラス

ワイヤーラッピングに最適な四角い線形のワイヤー。

アーティスティックワイヤー〈色〉ノンターニッシュブラス

真鍮にノンターニッシュ（輝きが劣化しない）加工が施されたワイヤー。

ミユキジュエリーワイヤー〈色〉ゴールド

銅線にカラーリングとコーティングを施したワイヤー。細い丸線は柔らかく、細かく編む作品に最適。

ワイヤーの形
- ○ 丸線……断面が丸い
- □ スクエア……断面が四角
- ▨ ファンシースクエア……四角い線形をツイストさせたワイヤー

ワイヤーの太さ

#18	1.0mm	#24	0.5mm
#20	0.8mm	#26	0.4mm
#21	0.7mm	#28	0.3mm
#22	0.6mm	#30	0.25mm

14kgf（ゴールドフィルド）ワイヤー〈色〉ゴールド

硬さはデットソフト（柔らかい曲線を作る）とハーフハード（硬く、形がキープできる）の2種類がある。

テグス（1号、2号）

モチーフを編むときに使用するナイロン製の細い糸。号数が増えるごとに太くなる。

丸カン・アジャスター・引き輪

パーツとパーツをつないだり、モチーフをチェーンに付けたりするときに使う。アジャスターは引き輪とセットで使い、長さを自由に調節できるチェーン。

チェーン・スネークチェーン

軽い石は細いチェーン、重い石はスネークチェーンを使う。

カラーパール（2mm、3mm）

装飾やワイヤーを通してめがね留めすることができる。

18金ボール

パーツの間に通したり、幅広い装飾に使用できる。

25

TYPE OF STONE

石のカットの種類

天然石のカットの仕方によって分類した中から、
本書で扱う原石、ルース、天然石ビーズを紹介します。

原石

原石

磨かれる前の石。
穴は開いていない。

天然石ビーズ

穴の開いた石。

ラウンドカット / ラウンド

オーバルカット / オーバル / オーバルツイストカット

ボタンカット / スクエア / バラカット

ペラシェイプ / ペラシェイプカット / マロンカット

パール3mm / パール4mm

ルース(裸石)

原石を研磨し、カットされた枠や
台に付いていない石。

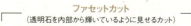

ファセットカット
(透明石を内部から輝いているように見せるカット)

カボション
(石をドーム型に研磨し、底は平ら)

スクエアカボションカット
(底が四角でドーム型の表面がカットされた石)

ラウンドファセットカット
(表面がラウンド)

オーバルファセットカット
(表面がオーバル)

エメラルドカット
(四角形にかたどられたカット)

BASIC ITEM
基本の道具

Basic 03

ワイヤーを加工したり、パーツを付けるのに必要な道具を紹介します。

目打ち・針

編み込んだワイヤーの大きさを整えたり、カラーパールの穴を大きくするときに使う。

ジュエリーハンマー・アンビル

アンビル（叩く台）にパーツを載せてハンマーで小刻みに叩くのに使用する。

ハサミ

マスキングテープなどを切るときに使用する。

精密ヤスリ・ネイルヤスリ

ワイヤーの断面を削って滑らかにするときに使用する。

リング棒・マニキュアのフタ

ワイヤーをリング状に丸みを付けるのに使用する。

マスキングテープ

パーツを仮止めするのに使用する。

UVレジン・UVライト

ワイヤーの切り目をコーティングして滑らかにする。UVライトはレジンを固めるのに使用する。

手袋

爪留めを作るときなどに手を保護する。

ナノジュエリーコート

天然素材で作られたコート剤。作品の仕上げの際に使用する。

セーム革

皮脂や汚れを取り、天然石やパールの光沢も出す柔らかい布。

油性ペン・除光液・綿棒

油性ペンはワイヤーに目印を付けるのに使用する。印を消すときは綿棒に付けたマニキュアの除光液で消す。

方眼紙

枠を作るときに、石の正確な長さを測り、左右のバランスを見るために方眼紙の上に置く。

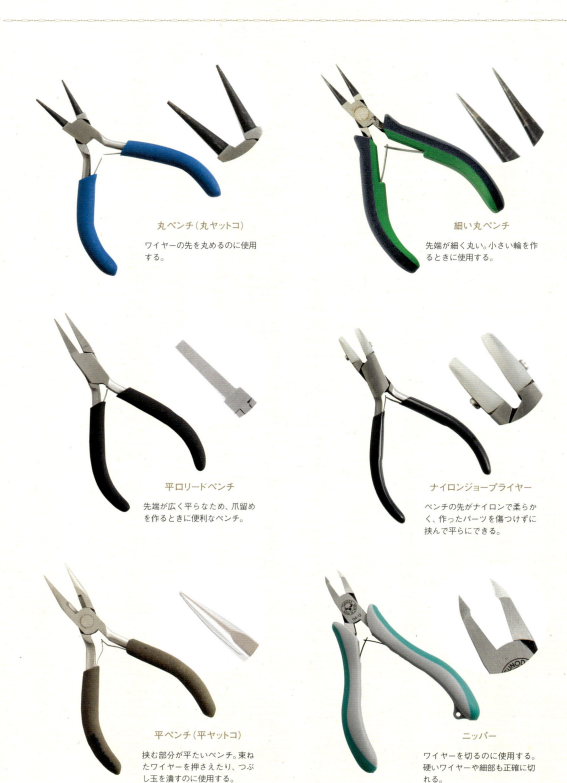

丸ペンチ（丸ヤットコ）
ワイヤーの先を丸めるのに使用する。

細い丸ペンチ
先端が細く丸い。小さい輪を作るときに使用する。

平ロリードペンチ
先端が広く平らなため、爪留めを作るときに便利なペンチ。

ナイロンジョープライヤー
ペンチの先がナイロンで柔らかく、作ったパーツを傷つけずに挟んで平らにできる。

平ペンチ（平ヤットコ）
挟む部分が平たいペンチ。束ねたワイヤーを押さえたり、つぶし玉を潰すのに使用する。

ニッパー
ワイヤーを切るのに使用する。硬いワイヤーや細部も正確に切れる。

BASIC TECHNIC

制作の基礎

本書に登場する作品に共通する、ワイヤーデザインジュエリーを
制作する上での基本的なテクニックを紹介します。

Technic 1 ワイヤーをタオルで挟んでまっすぐにする

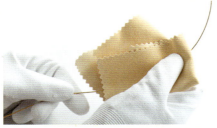

ワイヤーの準備として、曲がった部分をまっすぐ伸ばす。

Technic 2 切り目をヤスリで整える

ワイヤーの切り目は尖っていて危ないのでヤスリで整える。

Technic 3 ペンチの先にテープを貼る

14kgfは挟み跡が付きやすいのでテープを貼ると良い。

Technic 4 「丸」の作り方

丸ペンチの丸みを利用して、ワイヤーの先端をペンチで挟んで丸める。

Technic 5 パーツは毎回プライヤーで挟んで歪みをなくす

ナイロンジョープライヤーでパーツを挟む。

Technic 6 ジュエリーハンマー・アンビルの使い方

アンビル(台)の上で、ハンマーで軽く小刻みに叩くと幅が広がる。

29

Technic 7 カラーパールの穴の広げ方

目打ちに挿して、穴を広げる。

Technic 8 カラーパールの付け方

パーツの先端を上に上げて、カラーパールを付ける。

Technic 9 王冠の作り方

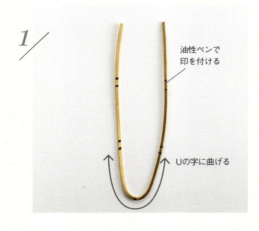

1/ 油性ペンで印を付ける / Uの字に曲げる

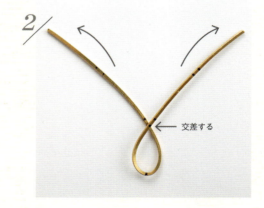

2/ 交差する

3/ 丸める

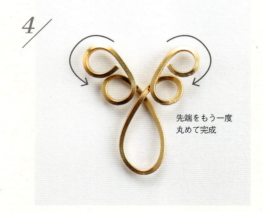

4/ 先端をもう一度丸めて完成

Technic 10
お花の作り方と
テグスでパーツに付ける方法

1/ 石の穴にワイヤーを通し、根元で2回捻る。

2/ 2つ目の石をワイヤーに通したら、中心に向かってワイヤーを折る。

3/ 横に2回捻る。

4/ 3つ目も同様に付け、ワイヤーを中心に向かって折り、石の根元を2回捻る。

5/ ワイヤーをカットしたら、お花の完成（表側）。

6/ 裏側の中心にテグスを固結びにする。

7/ 王冠などのパーツに結んでニッパーでテグスを切る。

Technic **11**

ブレスレットの作り方

ファンシースクエアワイヤーを2つに折る。

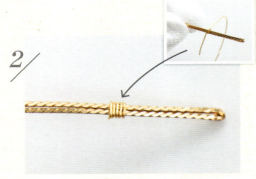

先端1cmを#28で束ねる。

先端をフックの形にする。

反対側も同様に先端1cmを#28で束ねる。先端を左右に開く。

先端をそれぞれ丸める。

全体を丸める。

パーツに#28で付ける
輪にフックを通す

パーツに付けたら完成。

Technic 12
丸カンの使い方

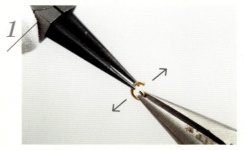

1/ 左側を奥へ、右側を手前へずらすようにして丸カンのつなぎ目を開く。

2/ 開いた丸カンにつなぎたいものを通す。

3/ 開いたときと同じ要領ですき間のないように閉じる。

Technic 13
リングの作り方

1/ ワイヤーの両端を丸める。

2/ リング棒やマニキュアのフタなどにリングを押し付ける。

3/ 丸みが付いたらリング完成。

Technic ## 14

完成作品の仕上げの仕方

作品が完成したら、仕上げとして変色の原因となる皮脂などの汚れを取り除くと、輝きが持続する。

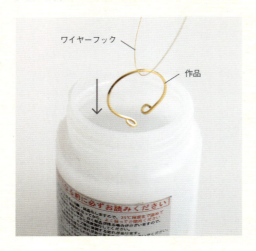

<手順>
① 作品を作った後にセーム革で優しく拭いて汚れを取る。
② 作品をワイヤーフックに掛ける。
③ フックごと、よく振ったナノジュエリーコートの中に入れる。天然石が付いた作品でもそのまま入れてOK。
④ 約2分経ったら、ナノジュエリーコートから出し、水で洗ってタオルで拭いて乾かす。

Technic ## 15

作品の保管方法

使用した後の作品は、セーム革で皮脂や汚れを取る。

ジップ付きの袋に1つずつ入れて保管する。

爪留めの基本①
ワイヤーの束ね方

1/

指定の長さにワイヤーを切って油性ペンで印を付ける。

2/

ワイヤーの断面をヤスリで整える。

3/
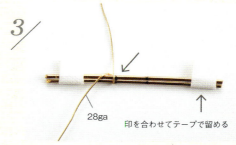
28ga
印を合わせてテープで留める
28gaワイヤーの1巻き目を垂直にして平ペンチで挟む。

4/
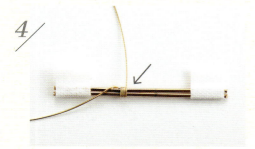
3、4回巻いたら、平ペンチで押さえる。

5/

印まで、すき間を空けないように直角に巻いていく。

6/
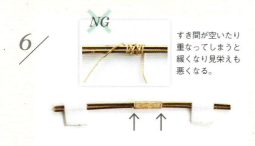
NG　すき間が空いたり重なってしまうと緩くなり見栄えも悪くなる。
同じ面でワイヤーを切る。

7/
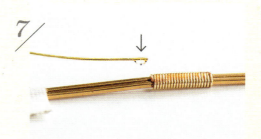
レジンで固めたら完成。

爪留めの基本②
爪留めの仕組み

1/
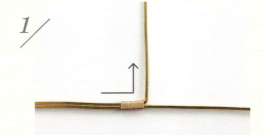
ワイヤーを束ねた後、平ペンチで直角に曲げる。

2/

油性ペンで印を付ける。※印の位置は作品によって変わる。

3/
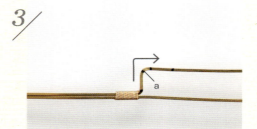
aを丸ペンチで挟んで曲げる。

4/
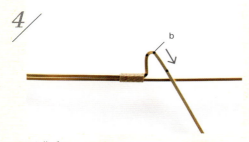
bを曲げる。

5/
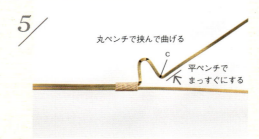
丸ペンチで挟んで曲げる
平ペンチでまっすぐにする
cを曲げる。

6/
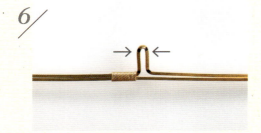
印を合わせて平ペンチで挟む。

7/
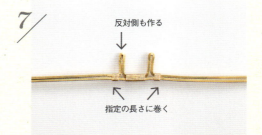
反対側も作る
指定の長さに巻く
反対側も同様に作り、ワイヤーを束ねたら完成。

爪留めの基本③
エメラルドカットの
アールヌーヴォー装飾
（P69の作品で使用します）

1/

指定の長さのパーツを2つ作る。
先端2mmに印を付ける。

2/
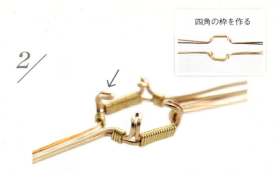
爪の先端2mmを平ペンチで折る。

3/

エメラルドカットの石を入れて手前のワイヤーを根元にきつく2回巻く。

4/
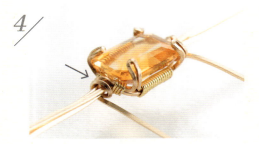
きつく締めて石が固定されたら完成。

5/
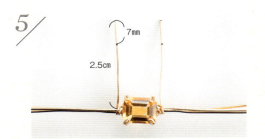
ワイヤーを2.5cmに切り、先端7mmに印を付ける。

6/

先端7mm丸めた後、渦巻きを作る。

7/

石に被せたら渦巻き装飾の完成。

爪留めの基本 ④
ファセットカットのレース装飾
（P68、P70の作品で使用します）

1/ 図のように作り、印を付ける。

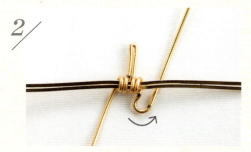

2/ 丸ペンチでワイヤーを曲げて輪を作る。

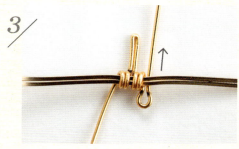

3/ ワイヤーを上に上げる。

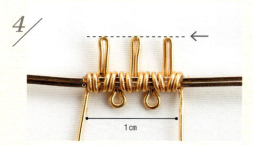

4/ 長さを揃えて図のように作る。

5/ 先端2mmの位置に印を付ける。

6/ 先端2mmを平ペンチで内側に折る。

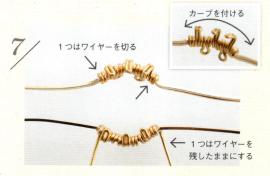

7/ 1つはワイヤーを切る／1つはワイヤーを残したままにする／カーブを付ける

8/

石を入れて、ワイヤーを1回巻く。

9/

ワイヤーをカットする。

10/

裏側にして、下の輪をペンチで上に上げて締める。

11/

印を付けて、指定の長さに切る。

12/

上下のワイヤーを図のように丸める。

13/

残りのワイヤーを図のように丸めて完成。

爪留めの基本⑤
カボションのビクトリアン装飾
(P72の作品で使用します)

1/
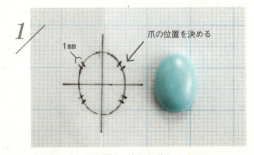
方眼紙の上に石を置き、線をなぞる。

2/
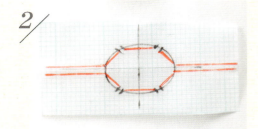
石に合わせてワイヤーの枠を書く。

3/
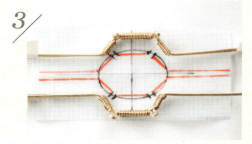
図に合わせて爪を2つ作る。

4/

ワイヤーの爪に丸ペンチでカーブを付ける。

5/

石を入れて、両端を28gaワイヤーで4回巻いて切る。

6/

テグス1号 20cmでホワイトトパーズ1mmカット2個と18金3mmカットを付ける。

7/

上2本は1.5cm、下2本は2cmに切り、先端6mmに印を付ける。

8/

上2本を交差させて先端6mmを丸めて石に被せる。

9/

2cmの先端6mmを丸めて渦巻きを作り、完成。

ワイヤーラッピングの基本①

フリーフォームラッピング
（P55、P83の作品で使用します）

1
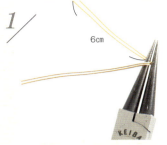
♯22 20cm 2本を一緒に丸ペンチで挟む。

2

挟んだまま輪を作る。

3

根元で1回巻く。

4
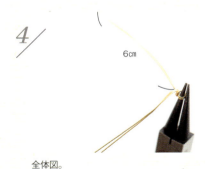
全体図。

5

石をワイヤーで挟んでテープで留め、交差させる。

6

両方のワイヤーで2回捻る。

7

6cmのワイヤー2本を根元で切る。

輪を作ってから、2回捻る。

テープを取る。

サイドを広げる。

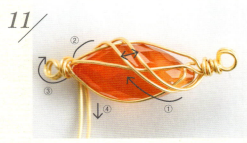

2本の幅を広げて、反対側の輪に巻く。

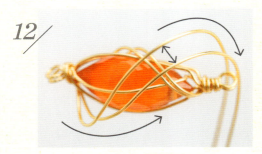

反対側にもっていく。

輪に1回巻く。

石が落ちないようにランダムに巻く。

残りのワイヤーを根元で切って完成。

ワイヤーラッピングの基本②

カボションのフラワーレースラッピング
(P67、P88の作品で使用します)

1/

22ga 4.2cmに油性ペンで印を付ける。

2/

石を裏側にし、石より少し小さめに丸を作る。

3/

28gaを4回巻いて、余りの2cmを切る。

4/

28gaを写真のように輪の下から上に通す。

5/

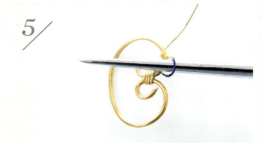

目打ち針で丸みを付ける。

6/

目打ちを入れながら輪を作っていく(1段目)。
※説明用に最初の輪を青、最後の輪を赤くしている。

7/

図のように最初の輪(青)と最後の輪(赤)のすき間から
上に出し、2個目の輪に入れる。

8/ 〈裏側〉

最初の輪（青）に戻して輪の上に出し、2段目を作っていく。

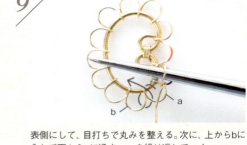

9/ 〈表側〉

表側にして、目打ちで丸みを整える。次に、上からbに入れて下からaに通す……を繰り返していく。

10/

針で3段目のワイヤーのすき間を作る。

11/

石に被せながら3段目の輪を作る。輪の幅は均等にする。

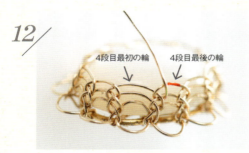

12/

石に被せるように4段目も編み終わった図。

13/

針ですき間を作る。

14/

最後は28gaを下に下ろして引っ張る。

15/

目立たないところで切ったらレースラッピングの完成。

ワイヤーラッピングの基本③

カボションのアールヌーヴォーラッピング
(P89の作品で使用します)

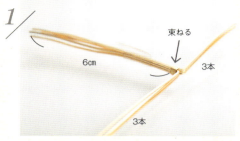

6本のワイヤーを28gaで束ねて広げる。

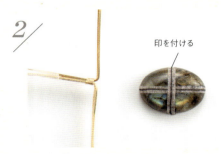

石に縦・横のガイドラインを付ける。カットしたマスキングテープを貼り、その上に印を付ける。

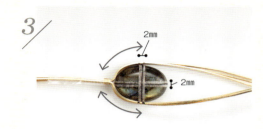

石に合わせカーブを付け、ワイヤーに2mmの印を付ける。

すき間を作るためにマスキングテープを付ける。すき間を作っておくと、後で開けやすくなる。

石を入れる。

下のワイヤーを平口リードペンチで内側にふんわり折る。

バランスを見て、均等に角度が付いているか確認する。

45

8/

マスキングテープを手で引っ張り、指ですき間を広げる。

9/

マスキングテープを取る。

10/

目打ちですき間を作る（対角線上の2ヶ所）。

11/

上2本で曲線を作る。

12/

もう1つ曲線を作り、石から5mmくらい出して切る。

13/

5mmをすき間に入れる。

14/

1本ずつ丸ペンチで丸めて、ワイヤーに付ける。

15/

反対側も同様にして完成。

Chapter 3

HOW TO MAKE

Ring

リング作品のレシピ

本書に掲載している全23種類の
リング作品の材料と作り方を解説します。

✿ ROSE BUD

バラのつぼみ

小指に小さなバラのつぼみ。空に伸びるバラのツルを、クルッとカールさせたワイヤーで表現。清楚で可憐なピンキーリングです。

Front

Side

Back

材料
- アーティスティックワイヤー #20……7cm
  　　　　　　　　　　　　　#28……5cm

[石]
- ピンクオパールラウンドカット1mm……5個

1 アーティスティックワイヤー#20を7cmに切り、目印を付ける

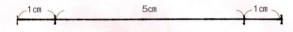

2 両側を1cm丸める

3 #28のワイヤーにピンクオパールラウンドカット1mmを5個通し、#28のワイヤーを3回巻く

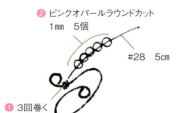

4 図のように巻き付ける

5 完成

48

✿ VIOLET CROWN
スミレの花の王冠

妖精のプリンセスをイメージした小さな冠。タンザナイトの青紫はスミレの花の色。可憐さと気品が光るピンキーリングです。

Front

Side

 材料
- アーティスティックワイヤー#22……14cm×2本（28cm）
- カラーパール2mm……4個
- テグス1号……20cm

［石］
- タンザナイト ボタンct 4mm……1個

Back

1 アーティスティックワイヤー#22の14cmの中心に印を付けたものを2本作る

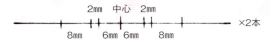

2 図のように丸める

3 2本を図のように捻っていく

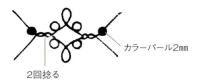

4 図のように捻る

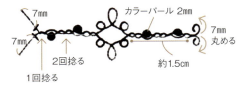

5 テグス1号 20cmで中心に付ける

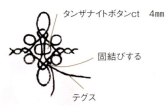

6 最後にリング型に丸める

49

✤ SWINGING LEAF

緑の木かげのレース模様

白麻の服に、散歩道に、木漏れ陽が描くレース模様をワイヤーで。
なにげない手の動きにリングが煌めいて、指の先まで涼やかな美人に。

Front

Side

材料
- アーティスティックワイヤー#22……26.6cm
  　　　　　　　　　　　　　　#28……8cm
- テグス1号……20cm

［石］
- ターコイズスクエア5×5mm……1個
- アパタイト3mm……2個

Back

1 #22に印を付けたものを2本作る

2 交互に8mm丸める

3 図のように手に持つ

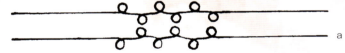

4 上下に交互に重ねる

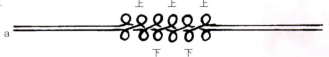

5 丸めて完成

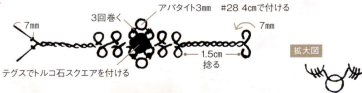

拡大図

✤ WHITE FLOWERS OF CLOVER

クローバーの白い花

白サンゴをクローバーの花に見立てて、ワイヤーを三つ編みしながら編み込みます。カジュアルな服にも似合うデザイン。

Front

Side

Back

材料
- アーティスティックワイヤー#22……10cm×3本（30cm）

［石］
- ホワイトサンゴ3mm……5個

1 テープで3本とめて、1.5cm三つ編みする

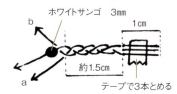

2 石を入れながら三つ編みする

3 最後にリングに丸める

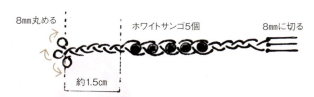

Recipe 05

❖ CONTRAIL IN THE BLUE SKY

青空に、ひこうき雲

晴れた空にスッキリと伸びる白い線は、ひこうき雲のよう。ブルーレースからの発想を、五つ編みワイヤーにのせて編みました。

Front

Side

Back

材料
- アーティスティックワイヤー#22……50cm
  　　　　　　　　　　　　#28……30cm

[石]
- ブルーレースラウンドカット6mm……1個

1 五つ編みの仕組み

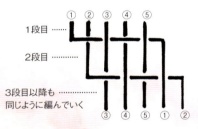

1段目 ……
2段目 ……
3段目以降も
同じように編んでいく

2 #22の5本を図のように編んでいく

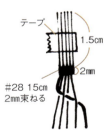

テープ
1.5cm
2mm
#28 15cm
2mm束ねる

3 4段目に石を入れる

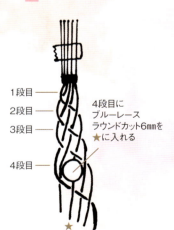

1段目
2段目
3段目
4段目

4段目に
ブルーレース
ラウンドカット6mmを
★に入れる

4 リング状に丸めて完成

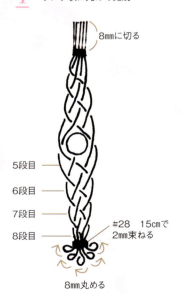

8mmに切る
5段目
6段目
7段目
8段目
#28　15cmで
2mm束ねる
8mm丸める

Recipe 06

❉ VIVID RUBY

野いちごを摘んで

ボタンカットの石をきれいに見せるリングです。ルビーとホワイトトパーズを交互に並べるとおたがいの色を引き立てあいます。

Front

Side

Back

材料

- アーティスティックワイヤー#20……12.5cm
  - #22……21.2cm
  - #30……66cm

[石]
- ルビーボタンカット4mm……4個
- ホワイトトパーズラウンドカット1mm……10個

1 アーティスティックワイヤー#20　12.5cmに印を付ける

8mm　4.5cm　2mm　5.5cm　2mm　8mm
5mm

2 図のように丸める

2mm　4.5cm　5mm　2mm

3
約1.7cm　ルビーボタンカット　ホワイトトパーズラウンドカット
#30 30cmで石を付ける　#30 4cmで4巻きする

4 拡大図
#30 30cm　7回巻く
2cm

5 アーティステックワイヤー#22に印を付ける

8mm　1.5cm　8mm　8mm　4mm　4mm　8mm　8mm　1.5cm　8mm　10.6cm × 2本
8mm　2mm　2mm　8mm

6 図のように丸める　×2本

7 #30 4cm×8本で4巻きして付ける
4巻き

8 リング状に丸めて完成

Recipe 07

✦ AZURE BLUE

青空を映した湖

水色のブルートパーズのまわりをワイヤーで巻いて、石留めにします。
座金を使わないので光が多方面から入り、水色の透明感が際立ちます。

Front

Side

Back

材料
- アーティスティックワイヤー #22……60cm

[石]
- ブルートパーズ オーバルカット10×15mm……1個

1 #22の中心に石を入れる

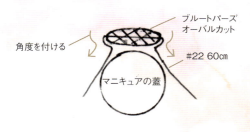

角度を付ける　　ブルートパーズ
オーバルカット
#22 60cm
マニキュアの蓋

2 4回巻く

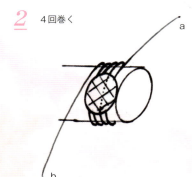

a
b

3 a, bを石の周りに4回ずつ巻く

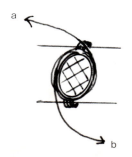

a
b

4 3回巻いて切る

Recipe 08

✣ **CHEERFUL ORANGE**

オレンジ色で自分にエール

Front

Side

オレンジ色は元気をくれる色。「がんばってね」の気持ちを
カーネリアンに託して。眺めているといつのまにか笑顔になりそう。

Back

材料
- アーティスティックワイヤー　#20……20cm
　　　　　　　　　　　　　　　#26……40cm
　　　　　　　　　　　　　　　#28……30cm

[石]
- カーネリアンドロップct 7×14mm……1個

1 カーネリアンドロップカットを#26 20cm 2本でフリーフォームラッピングする（P41参照）

2 #20 20cmをマニキュアの蓋に3回巻き、図のように作る

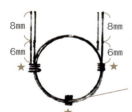

#28 10cmで3カ所を5回ずつ巻く

3 めがね留めを下に下げてパーツに付ける

8mm丸める

55

Recipe 09

❖ BRIGHT EMERALD

緑のステンドグラス

五月の緑を思わせるエメラルドの原石と、金色ワイヤーの組み合わせがステンドグラスのよう。フリーフォームでラッピングしました。

Front

Side

材料
- アーティスティックワイヤー#22……40cm
  　　　　　　　　　　　#28……20cm

[石]
- エメラルド原石 約10×10mm……1個

Back

1 2回巻く

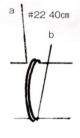

#22 40cm

2 1回捻る

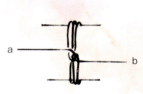

3 2回まわしてうず巻きを作る

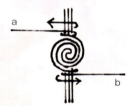

4 中心をプライヤーで挟む

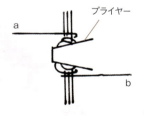

プライヤー

5 中心に石を置き、aを石にかぶせて切る

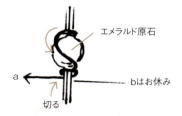

エメラルド原石

bはお休み

切る

6 次にbを石にかぶせて切る

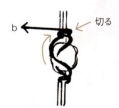

切る

7 #28 20cmをランダムに絡めて石を固定する

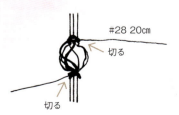

#28 20cm

切る

切る

56

❀ SWEET DREAMER

つるバラ咲いた

ピンクオパールは、別名キューピッドストーン。幸運を呼ぶといわれます。
このバラの名前は、きっと「スイート・ドリーマー」。

Front

Side

Back

 材料

- アーティスティックワイヤー#22……16.8cm
  　　　　　　　　　　#28……12cm
  　　　　　　　　　　#30……10cm
- カラーパール2mm……4個
- テグス1号……20cm

[石]
- ピンクオパール バラカット10mm……1個
- ピンクオパール ラウンド3mm……2個
- ローズクォーツ ラウンドカット1mm……2個
- ピンクトパーズ ラウンドカット1mm……6個

1　アーティスティックワイヤー#22 2本に印を付ける

2　#28 4cmで2mm巻く

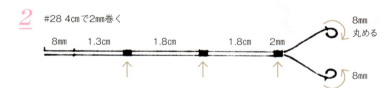

3　両端を1.3cm丸める

4　リング状にして石とカラーパールを付ける

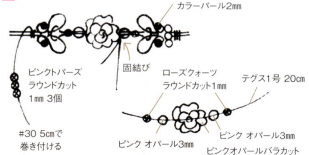

Recipe 11

❊ ANGEL'S WING

天使のつばさ

舞い降りた金色の羽根の天使。タンザナイトは青い宇宙の色。
ワイヤーと想像のつばさを広げると羽根の曲線も自由に作れます。

Front

Side

材料
- アーティスティックワイヤー#20……7cm
　　　　　　　　　　　　#22……15.5cm
　　　　　　　　　　　　#30……16cm

[石]
- タンザナイト ペアシェイプct(6×7)mm……1個

Back

1 アーティスティックワイヤー#22に印を付ける

15.5cm
7mm | 1mm | 1mm | 1mm | 1mm | 1mm | 1mm | 1mm | 1mm | 7mm
1cm　8mm　6mm　1.5cm　　5.5cm　★　1.5cm　6mm　8mm　1cm

2 図のように折る
1mm折る
1.5cm カーブを付ける
8mm
1cm
7mm
★ 1mm折る

3 1mm折る
7mm
1cm
8mm
1mm折る

4 丸める

5 先端7mm丸める
1mm折って丸める
先端7mm丸める

6 反対側も反転させて作る

8 アーティスティックワイヤー#20に印を付ける
7cm
1cm　5cm　1cm

9 リング状にする
1cm　1cm

7 6をリング状に丸めて中心に石を付ける
#30 4cm
タンザナイト ペアシェイプct
3回巻いて付ける

10 9を図のように重ねる（上からの図）
9

11 #30 4cmで4回巻いて付ける

Recipe 12

❦ HEART OF GOLD
ハート・オブ・ゴールド

ハリウッドへ行き、海もわたり、「黄金の心」を探す旅人の歌がありました。心は輝く金の色。手に金色のオープンハートをかざして。

Front

Side

Back

材料
- アーティスティックワイヤー#20……12cm
- #30……10cm

[石]
- ルビーボタンカット4mm……1個
- ペリドットラウンドカット3mm……2個
- 茶パール3mm……2個

1 アーティスティックワイヤー#20に印を付ける

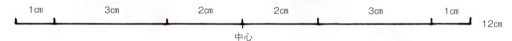

2 Vの字に折る

3 ハートの形にカーブさせる

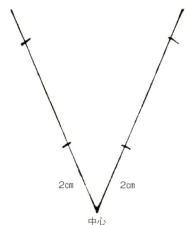

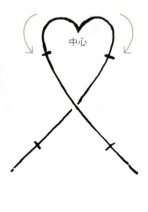

4 両端を丸める

5 リング状にする（後ろ）

6 前側に#30 10cmで石を付ける

ルビーボタンカット4mm
茶パール3mm　茶パール3mm
ペリドットラウンドカット3mm

Recipe 13

✤ QUEEN'S TIARA

クイーンのティアラ

Front

Side

ブルーカイヤナイトの深い青はロイヤルブルー。気高さのシンボルです。
金色のワイヤーで作る格調の高いフォルムも印象的なリング。

Back

材料

- アーティスティックワイヤー#20……24cm
  　　　　　　　　　#28……20cm
  　　　　　　　　　#30……20cm
- ファンシースクエアワイヤー#21……7.1cm
- テグス1号……40cm

[石]
- ブルーカイヤナイト ペアシェイプカット(5×7)mm……1個
- ホワイトトパーズ ラウンドカット1mm……4個
- パール2mm……2個

1 アーティスティックワイヤー#20に印を付ける

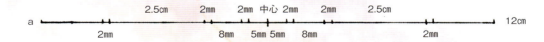

2 中心を丸める

3 アーティスティックワイヤー#20に印を付ける

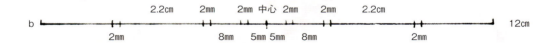

4 中心部を図のように丸める

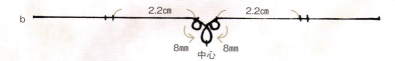

5 ファンシースクエアワイヤー#21に印を付ける

6 両端を丸める

7 abの後、cを束ねる

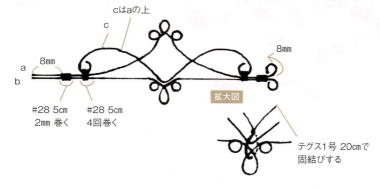

8 リング状にして石を付ける

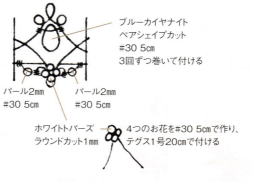

Recipe 14

❖ SUN & MOON FUSION

プリンセスのティアラ

Front

Side

太陽と月の色を合わせたオレンジガーネットは、希少です。ワイヤーのデザインと真珠がプリンセスの気品をさらにクラスアップします。

材料

- アーティスティックワイヤー#22……12.8cm
  #28……20cm
  #30……20cm
- ファンシースクエアワイヤー#21……7.1cm
  #24……10.2cm
- カラーパール2mm……1個
- テグス1号……40cm

[石]
- オレンジガーネット
  ペアシェイプカット(5×7)mm……1個
- パール2mm……3個

Back

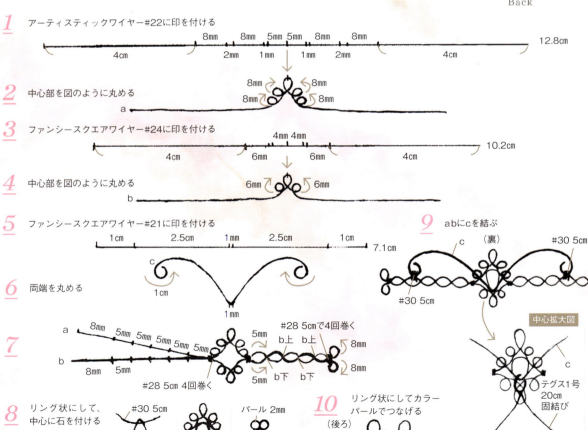

✤ ARTNOUVEAU REVIAL

草花曲線のアールヌーヴォー

かつてヨーロッパで流行したジャポニスムの文様をイメージ。草花の
ツルをワイヤーの曲線や渦巻で表現。オパールの小花が咲いています。

Front

Side

材料
- アーティスティックワイヤー#20……50cm
  　　　　　　　　　　　#30……10cm
- カラーパール3mm……2個

[石]
- エチオピアオパールボタン3mm……4個
- ホワイトトパーズラウンドカット1mm……1個

Back

1 アーティスティックワイヤー#20 50cmの右端に印を付ける

2 中心を丸める

3 図に合わせて丸みを付けて切る

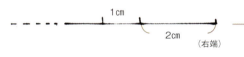

4 リング状に丸めていく

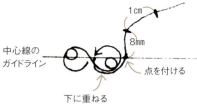

6 リング状にして、中心に石を付けて、カラーパール3mmを2個付ける

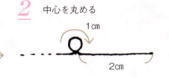
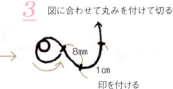

5 これを8回繰り返す

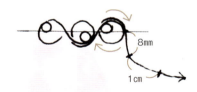

❦ VICTORIAN LACE

ヴィクトリアンのレース模様

ドレスの衿や袖口やショールを飾った繊細なレース。ワイヤーを刺しゅう糸のように使い、ピンクトルマリンと草花の模様を編みあげました。

Front

Side

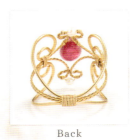

Back

材料
- アーティスティックワイヤー #20……17.6cm
-   　　　　　　　　　　　 #28……35cm
- ファンシースクエアワイヤー #24……16.4cm
- テグス1号……20cm

［石］
- ピンクトルマリンペアシェイプ（10×6）mm……1個
- パール2mm……2個
- ホワイトトパーズ ラウンドカット1mm……4個

1 ファンシースクエアワイヤー#24に印を付ける

2 アーティスティックワイヤー#20に印を付ける

3 図のようにabをつなげる

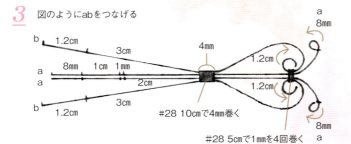

4 リング状にする

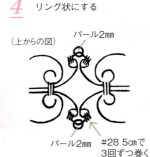

5 石を付ける

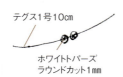

Recipe 17

❦ MY BLUE MUSEUM

青の美術館

手はいちばん身近な美術館。美しいリングを鑑賞する瞬間がそこに。
深い青に感動し、煌めきに気分も輝きます。つい見とれる幅広のリング。

Front

Side

Back

材料

- アーティスティックワイヤー#20……39.2cm
  - #26……35cm
  - #28……20cm
- カラーパール2mm……6個

[石]
- アパタイトペアシェイプct（6×9）mm……1個
- ムーンストーンボタンct 4mm……2個
- ホワイトトパーズラウンドカット3mm……1個
- パール4mm……1個

1 アーティスティックワイヤー#20 10.8cm

a　4cm　8mm　4cm
　　　1cm　1cm
アーティスティックワイヤー#26 15cmで1cm巻く

2 アーティスティックワイヤー#20に印を付ける

b　1cm　6mm　6mm　1cm　　3.2cm×4本

3 ハンマーで叩いて太くする

1cm　1cm
ボールペンで丸みを付ける

4 先端を丸める

1cm×4個

5 アーティスティックワイヤー#20に印を付ける

c　3.5cm　8mm　3.5cm　　7.8cm×2本

6 aとcの中心の8mmを合わせる

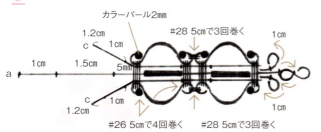

カラーパール2mm
1.2cm　1cm　#28 5cmで3回巻く　1cm
a　1cm　1.5cm　5mm
c　1cm　1.2cm
#26 5cmで4回巻く　#28 5cmで3回巻く

7 #28 10cmで石のパーツを作る

パール4mm
ホワイトトパーズラウンドカット3mm
#28 10cm
ムーンストーンボタンカット4mm
アパタイトペアシェイプカット

8 6をリング状に丸めて中心に7を付ける

❦ MOONLIGHT RAINBOW

月夜のレインボー

虹色の光彩がファンタジックなオパール。ワイヤーでオパールの
まわりを取り巻き、小さなカゴのようにラッピングして仕上げます。

Front

Side

Back

 材料
- 14kgf ソフトタイプスクエアワイヤー#24……14.4cm×4本(57.6cm)
- 14kgf ソフトタイプ#28……10cm×4本(40cm)

［石］
- オパールカボション(7×6)……1個
- ホワイトトパーズラウンドカット1mm……8個
- パール2mm……2個

1 14kgf ソフトタイプスクエアワイヤー#24 14.4cm×4本を巻く

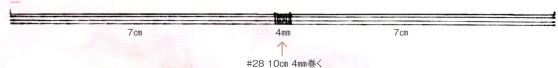

7cm　4mm　7cm
↑
#28 10cm 4mm巻く

2 自分のサイズに合わせて8本を#28 10cmで4mm巻く

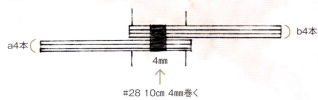

a4本　b4本
4mm
↑
#28 10cm 4mm巻く

3 （上からの図）

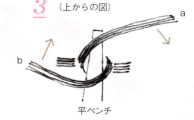

平ペンチ

4 （横からの図）

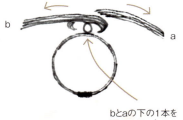

bとaの下の1本を
図のように丸める

5 中心に石を入れて上の1本を丸めて図のようにする

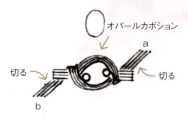

オパールカボション
切る　切る

6 #28 10cmに石とパールを付けて巻く

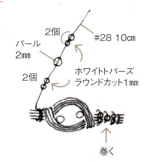

#28 10cm
パール2mm　2個
ホワイトトパーズ
ラウンドカット1mm
2個
↑
巻く

Recipe 19

✤ ART DECO SUN

アールデコの太陽

フランスで太陽の色は、赤でなくオレンジ色にたとえます。太陽光をあらわす連続コイルのフレーム。インパクトのあるモダンなリングです。

Front

Side

Back

材料
- 14kgf ハーフハードスクエアワイヤー#24……28cm
- 14kgf ソフト#28……50cm
- 14kgf ソフト#30……20cm
- テグス1号……20cm×3本（60cm）

[石]
- カーネリアンスクエアカボションカット(2×2)cm……1個
- ホワイトトパーズラウンドカット1mm……8個
- パール2mm……4個

1
14kgf ハーフハードスクエアワイヤー#24 14cmに印を付ける

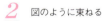
6cm / 1cm / 1cm / 6cm ×2本

2
図のように束ねる

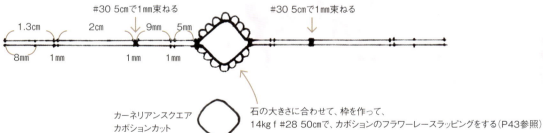

#30 5cmで1mm束ねる　　#30 5cmで1mm束ねる
1.3cm / 2cm / 9mm / 5mm
8mm / 1mm / 1mm / 1mm

カーネリアンスクエアカボションカット

石の大きさに合わせて、枠を作って、14kgf #28 50cmで、カボションのフラワーレースラッピングをする（P43参照）

3
4本重ねて、#30 5cmで1mm束ねる

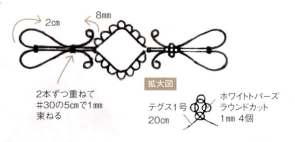

2cm / 8mm

2本ずつ重ねて#30の5cmで1mm束ねる

拡大図
テグス1号 20cm
ホワイトトパーズラウンドカット1mm 4個

4
リング状にして、テグスでパールを付ける

固結びする

パール2mm 4個
テグス1号 20cmで付ける

67

✤ BRILLIANT EVENING EMERALD

イブニング・エメラルドの煌めき

ペリドットは、照明のもとで輝きを増すため、別名「イブニング・エメラルド」。
その美しさを大切にして、爪留めもワイヤーで手作りしています。

Front

Side

材料

- 14kgf ハーフハードスクエアワイヤー#22……17cm
- 14kgf ハーフハード丸線#22……20cm
- 14kgf ソフト#30……20cm
- 14kgf 丸カン……1個
- テグス1号……20cm×2本(40cm)

[石]
- ペリドット(5×3)mm ラウンドファセットカットルース……1個
- ホワイトトパーズラウンドカット 3mm……1個
  　　　　　　　　　　　　　　1mm……8個

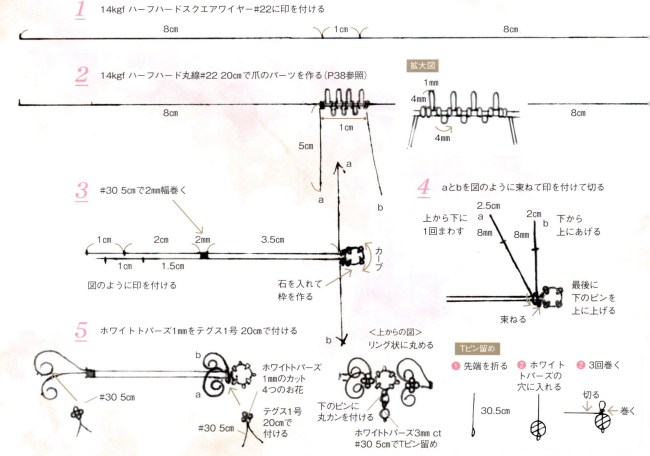

Recipe 21

❧ CITRUSNOTE

レモンの香りのアールヌーヴォー

エメラルドカットの石を、ワイヤーで爪留めしてフレーミング。
シトリンの色とワイヤーの金色が調和して、爪留めまで装飾の一部に。

Front

Side

材料
- 14kgf スクエアワイヤーソフト#22……29cm
- 14kgf スクエアワイヤーソフト#24……29cm
- 14kgf ソフト#28……40cm
- 14kgf ソフト#30……9cm

[石]
- シトリンエメラルドカット(7×9)mm……1個

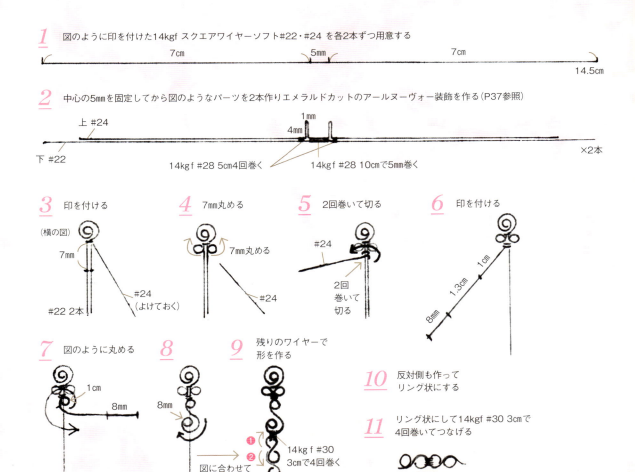

✤ ELEGANS OF EMBROIDARY LACE
刺繍レースのエレガンス

ルースのアメジストを爪留めしながら、まわりを繊細なレース模様で装飾します。ヴィクトリアンの美意識が香るような幅広のリング。

Front

Side

Back

 材料
- 14kgf スクエアワイヤーハーフハード#24……63.6cm
- 14kgf 丸線ハーフハード#24……30cm
- 14kgf #30 ソフト……70cm
- テグス1号……40cm

[石]
- ファセットカットアメジストルース(10×7)mm……1個
- ホワイトトパーズラウンドカット1mm……10個

1 14kgf スクエアワイヤー#24ハーフハードに印を付けてaを作る

2 同様に図のように印を付けてbを作る

3 同様に図のように印を付けてcを作る

4 #30 5cm 2本で2mm幅に巻く

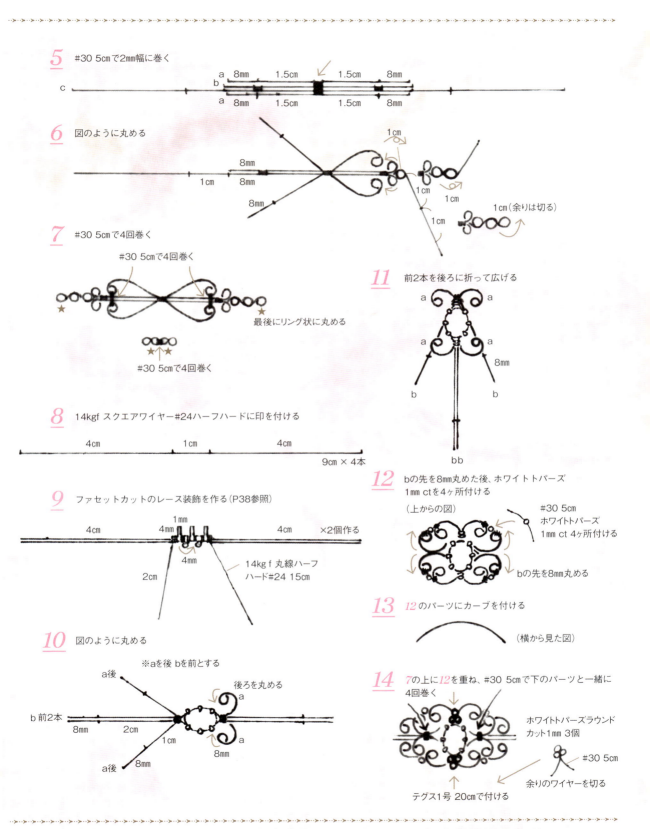

Recipe 23

❊ LONGED-FOR EXOTICISM

オリエントの空に憧れて

トルコ石が運んでくる東方のエキゾチズムは、ヴィクトリアンの憧れ。
オーバル形のトルコ石をアラベスク装飾で仕上げたリングです。

Front

Side

Back

材料

- 14kgf スクエアワイヤーハーフハード #22……49.6cm
- 14kgf スクエアワイヤーハーフハード #24……35.4cm
- 14kgfソフト #28……154cm
- 14kgfソフト #30……42cm
- 18K ミラーボールカット2mm……6個
- テグス1号……40cm

[石]
- トルコ石カボション(10×14)mm……1個
- パール2mm……6個
- ホワイトトパーズ ラウンドカット1mm……10個

1 14kgf スクエアワイヤー ハーフハード #22 10cmを4本用意

2 #22の10cm2本を図のように作る

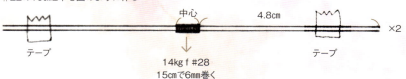

3 図のパーツ2個でカボションの
ビクトリアン装飾を作る(P39参照)

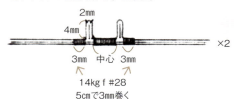

4 図に合わせて形を整える

5 14kgf スクエアワイヤーハーフハード
#24に印を付ける

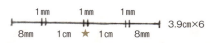

6 60度に曲げる

×6本作る

7
6本を図のように置き14kgf #28 4cmで印を4回巻く

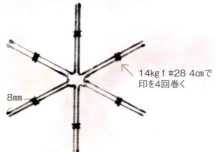

14kg f #28 4cmで印を4回巻く

8mm

8
14kgf #28 15cmで4周巻いて固定させる

8mm　8mm

4周巻く

9
指に合わせてカーブさせる

10
4を重ねる
（上からの拡大図）

ホワイトトパーズ
18K ミラーボールカット 2mm
14kg f#30 3cmで3回巻く

★ 14kg f #30 3cmで3回巻く
● パール2mm
テグス1号 20cmで付ける

ホワイトトパーズラウンドカット 1mm 3個
14kg f #30 3cmで3回巻く

<リング部分>

11
14kgf スクエアワイヤーハーフハード#22・#24に印を付けてa・b・cを作る

14kg f スクエアワイヤーハーフハード#22

a　8mm　1.5cm　2mm　1.5cm　8mm　4.8cm×2

14kg f スクエアワイヤーハーフハード#24

b　8mm　1.4cm　1.4cm　8mm　5cm
　　　2mm　2mm　2mm

14kg f スクエアワイヤーハーフハード#24

c　1cm　8mm　1.4cm　1.4cm　8mm　1cm　7cm
　　　2mm　2mm　2mm　2mm

12
14kgf #28 5cm2本で2mmずつ巻く

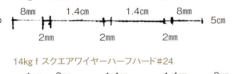

b 2mm 2mm
c

13
14kgf #28 5cmで2mm巻く

a 8mm 8mm
b 2mm
c
8mm 8mm
a

14
ハート型に丸め、この状態でリング状に丸める

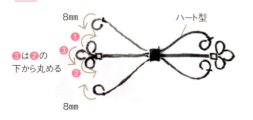

8mm　ハート型
❸は❷の下から丸める
8mm

15
パール2mmを14kgf #30 3cmで付ける
（横からの図）

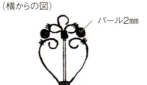

パール2mm

16
11のdの輪を縦にして下のパーツの輪につなげて完成

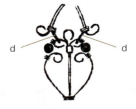

d　d

Chapter

4

WORKS MADE IN
THE WIRE DESIGN JEWELRY

———

Bracelet

ブレスレット編

スタイリッシュ・パープル

Stylish Purple

→ p.83

小さな海をこの手に

Small Blue Sea

→ p.82

舞いあがる
蝶のリボン

Flying Butterfly Ribbon
→ p.84

美しい手のための
オートクチュール

Splendid Filigree
→ p..86

海辺の月光時間

MoonLight Hour
→ p.88

アラビアン・アラベスク

Arabian Arabesque
→ p.89

リラの花咲くガーデン

Rirac Garden
→ p.91

水が描くポルカドット

Polka Dot
→ p.90

オリーブの実を集めて

Olive Harvest
→ p.93

雨音はチェンバロの調べ

Romantic Rococo
→ p.94

Chapter

5

HOW TO MAKE

Bracelet

———

ブレスレット作品のレシピ

本書で掲載している、大きな天然石と繊細なデザインが
特徴のブレスレット作品の作り方を紹介します。

Recipe 24

❖ SMALL BLUE SEA

小さな海をこの手に

青い海の色アクアマリンは、天然のアート。糸を通す穴のない原石を、ワイヤーでクルクル巻く連続コイルで装飾したブレスレットです。

材料
- アーティスティックワイヤー#22……8cm
- #28……30cm
- 引き輪……1個
- アジャスター……1個
- 丸カン……4個
- チェーン……9cm

[石]
- アクアマリン原石 約10×7mm……1個
- パール3mm……4個

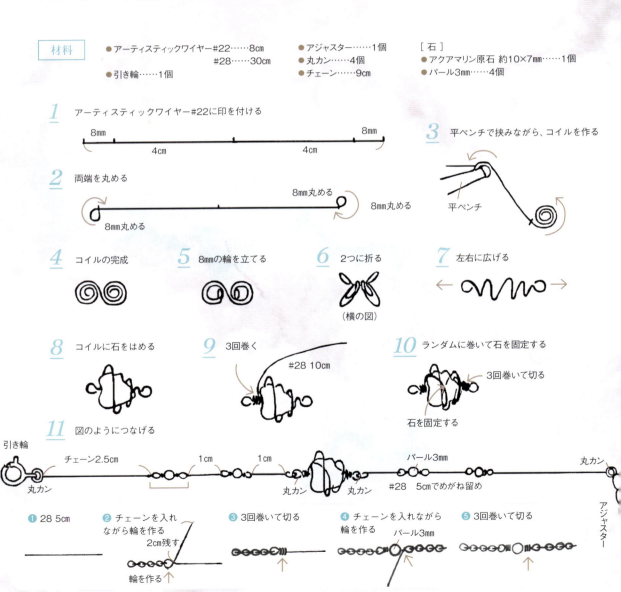

Recipe 25

❖ STYLISH PURPLE

スタイリッシュ・パープル

紫のアメジスト原石は、ミステリアスな印象。金色のワイヤーを自由に巻くフリーフォーム装飾でモダンな感覚のブレスレットになりました。

材料
- アーティスティックワイヤー#26……40cm
  #22……12cm
- 引き輪……1個
- アジャスター……1個
- 丸カン…4個
- スネークチェーン……12cm

[石]
- アメジスト原石(20×10)mm……1個

1 アーティスティックワイヤー#26 20cm 2本でフリーフォームラッピングをする(P41参照)

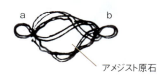

2 スネークチェーン6cmを2本用意する

3 アーティスティックワイヤー#22 3cmに印を付ける

4 丸ペンチに巻き付けてコイルを作る

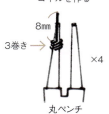

5 スネークチェーンをコイルに入れる

6 平ペンチでかしめる　これをチェーンの両端にする

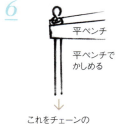

7 引き輪、アジャスターを丸カンでスネークチェーンにつなげる

8 7のaとbを1のaとbにつなげて完成

Recipe 26

❖ FLYING BUTTERFLY RIBBON

舞いあがる蝶のリボン

憧れのアンティークジュエリーをイメージしてフィリグリー（金線細工）で、蝶の模様を作ります。ピンクトルマリンが華麗なブレスレット。

材料
- ファンシースクエアワイヤー#21……32cm
  　　　　　　　　　　　#24……8cm
- アーティスティックワイヤー#20……15.2cm
  　　　　　　　　　　　#28……70cm
  　　　　　　　　　　　#30……15cm
- テグス1号……20cm

[石]
- ピンクトルマリン ペアシェイプカット7×5mm……1個

1 ファンシースクエアワイヤー#21 32cmを半分に折る

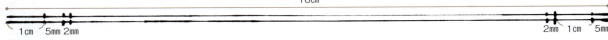

2 #28 5cmで2mm巻き、中心を広げる

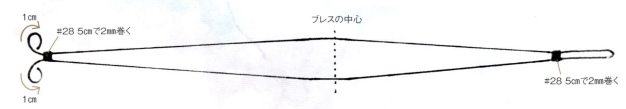

3 アーティスティックワイヤー#20に印を付ける

4 図のように丸める

5 両端を丸め、ハンマーで叩く

6 *2*を輪にして*5*とつなげる

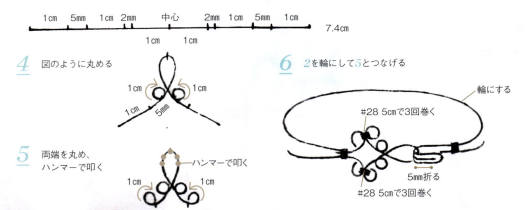

84

7 アーティスティックワイヤー#20に印を付ける

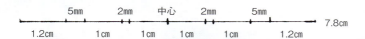

8 図のように丸める

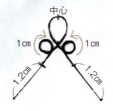

9 両端をさらに丸める

10 アーティスティックワイヤー#20に印を付ける

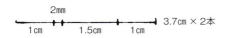

11 #28 5cmで2mm巻く

12 両端を丸める

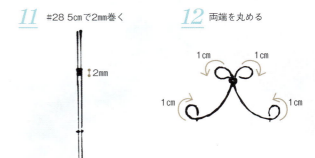

13 ブレスレットの中心で12の上に9を重ねる

14 パーツ9にピンクトルマリンを付ける

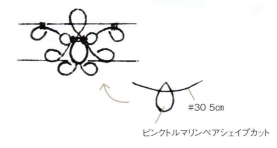

15 ファンシースクエアワイヤー#24に印を付ける

16 両端を丸める

17 14の裏から16を付ける

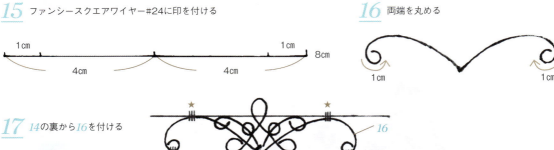

Recipe 27

✤ SPLENDID FILIGREE

美しい手のためのオートクチュール

リボンをワイヤーで描きながら、透かし模様を作ります。紫のアメジストに貴婦人のイメージを重ねて。エレガントな幅広ブレスレット。

材料
- 14kgf スクエアワイヤーソフトタイプ#24……26.4cm
- ファンシースクエアワイヤー　#21……32cm
　　　　　　　　　　　　　　#22……9cm
- アーティスティックワイヤー#20……17.2cm
　　　　　　　　　　　　　#28……25cm
　　　　　　　　　　　　　#30……105cm

[石]
- アメジストペアシェイプカット(7×10)mm……1個
- ホワイトトパーズラウンドカット3mm……3個

1 「舞いあがる蝶のリボン」(P84)の*1*～*6*を作る

2 アーティスティックワイヤー#20に印を付ける

1cm　2mm　1.8cm　1.8cm　2mm　1.8cm　1.8cm　2mm　1cm
9.8cm

3 図のように丸める

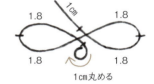

4 ファンシースクエアワイヤー#22に印を付ける

1cm　3.5cm　3.5cm　1cm
9cm

5 #28 5cmを4回巻く

6 #30 5cmを4回巻く

7 ★の部分に#30 5cmを4回巻く

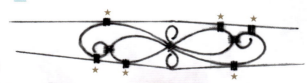

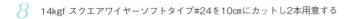

8
14kgf スクエアワイヤーソフトタイプ#24を10cmにカットし2本用意する

9
テープで留めて中心2mmを#30 5cmで巻く

10
交差させて枠を作る

11
アメジストペアシェイプカットに#30 10cmを入れて図のようにする

12
枠の中に石を入れてアメジストのワイヤーで3回巻く

13
ホワイトトパーズラウンドカット3mmのお花を中心に付ける

14
14kgf スクエアワイヤーソフトタイプ#24に印を付ける

15
図のように丸める

16
★の部分に#30 5cmを4回巻く

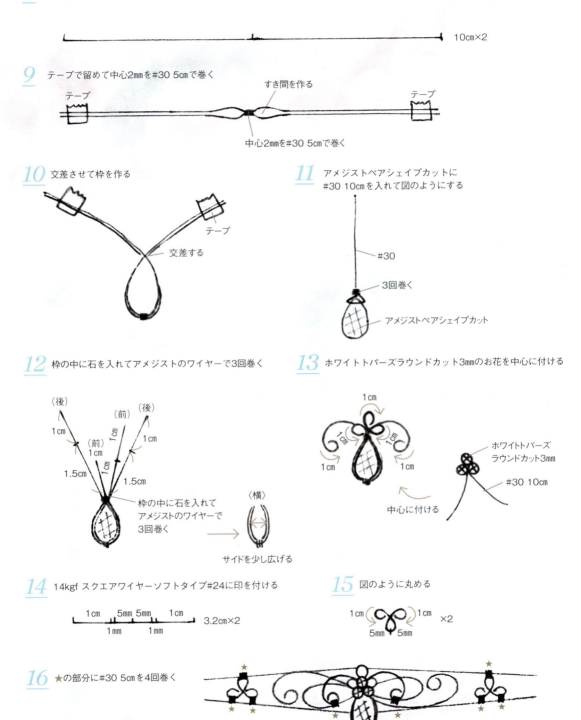

Recipe 28

✤ MOONLIGHT HOUR

海辺の月光時間

丸く艶やかに磨かれたカボッションカットのシェルは、ファンタジックな真珠色。月光に見立てた曲線で縁どり立体的にラッピング。

材料

- 14kgfスクエアワイヤーソフトタイプ#24……20.4cm
- ファンシースクエアワイヤー#21……32cm
- アーティスティックワイヤー#20……7.4cm
  - #22……4.5cm
  - #28……30cm
  - #30……70cm

[石]
- シェルカボション (10×13)mm……1個
- パール3mm……4個
- ホワイトトパーズラウンドカット1mm……6個

[フラワーレースラッピング用]
- ジュエリーワイヤー#28……50cm
- アーティスティックワイヤー#22……4.2cm
- テグス1号……60cm

1　「舞いあがる蝶のリボン」(P84) の1～6を作る

2　シェルカボションにフラワーレースラッピングをする(P43参照)

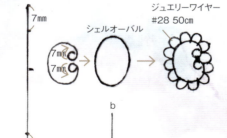

3　14kgfスクエアワイヤーソフトタイプ#24に印を付ける

4　図のように丸める

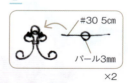

#30 5cm 1mm巻く

5　パール3mmを付ける

6　14kgfスクエアワイヤーソフトタイプ#24に印を付ける

a　1cm 5mm 1cm　2.6cm×2
　　　　1mm

7　14kgfスクエアワイヤーソフトタイプ#24に印を付ける

b　1cm 1cm 5mm　3.6cm×2
　　　1mm 1cm

8　aとbを束ねる

#30 5cm 1mm巻く

9　図のように丸める

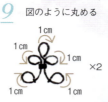

10　9のパーツ2個をブレスレットの中心に#28 5cmで5回巻く

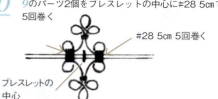

#28 5cm 5回巻く
ブレスレットの中心

11　5のパーツ2個とブレスレットをつなげる

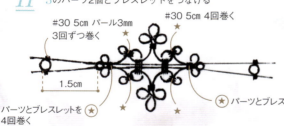

#30 5cm パール3mm 3回ずつ巻く
#30 5cm 4回巻く
1.5cm
パーツとブレスレットを4回巻く
★パーツとブレスレットを4回巻く

12　石とパーツを固定する

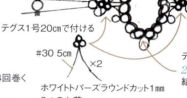

テグス1号20cmで付ける
#30 5cm ×2
ホワイトトパーズラウンドカット1mm 3つのお花
テグス1号20cm 2本で2とパーツを固定し、結び目にレジンを付ける

Recipe 29

✤ ARABIAN ARABESQUE

アラビアン・アラベスク

古代エジプト女王の腕には、トルコ石と金細工の腕輪が飾られていたとか。数々の伝説とともに愛されてきたトルコ石をアラベスクで装飾。

材料

- 14kgfスクエアワイヤーソフトタイプ#24……84cm
- ファンシースクエアワイヤー#21……32cm
- アーティスティックワイヤー#20……7.4cm
- #28……50cm
- #30……30cm
- テグス1号……20cm

[石]
- トルコ石カボション(10×14)mm……1個
- パール3mm……2個
- ホワイトトパーズラウンドカット1mm……4個

1 「舞いあがる蝶のリボン」(P84)の1～6を作る

2 14kgf スクエアワイヤーソフトタイプ #24 14cm×6本用意する

3 図のように束ねる(P45参照)

4 図に合わせてカボションのアールヌーヴォーラッピングを作る(P45参照)

5 印を付けて丸める

6 ブレスレットの中心に付ける

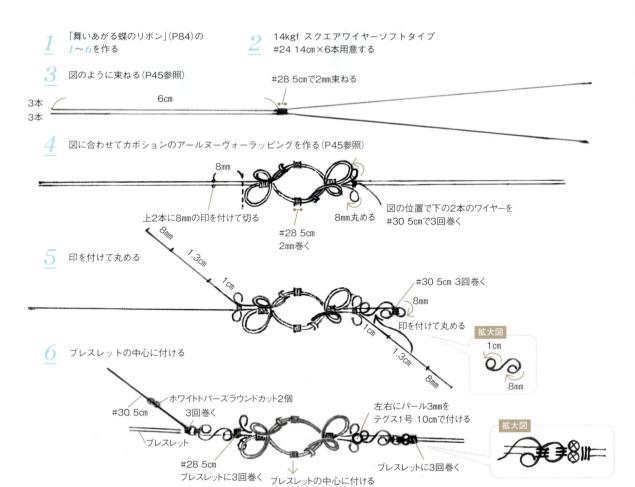

89

Recipe 30

❖ POLKA DOT

水が描くポルカドット

アパタイトとラリマー。涼しげな水色と青のブレスレット。少女の頃から好きだった水玉模様を、懐かしい三つ編みで仕上げます。

材料
- 14kgfスクエアワイヤーソフトタイプ#21……6cm
  #24……9.2cm
- ファンシースクエアワイヤー#21……12.5cm
- アーティスティックワイヤー#22……60cm #28……5cm
  #26……10cm #30……45cm
- テグス1号……60cm

[石]
- アパタイトペアシェイプカット(7×6)mm……1個
- ラリマーラウンド4mm……11個
- クオーツラウンドカット6mm……4個
- ホワイトトパーズラウンドカット1mm……9個

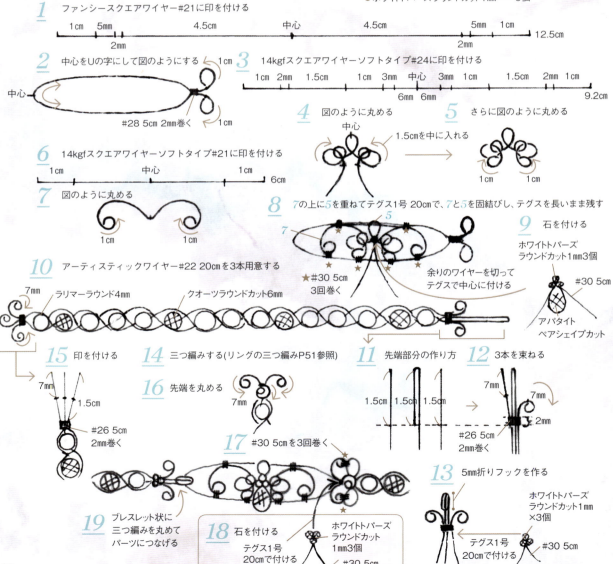

Recipe 31

❀ RIRAC GARDEN

リラの花咲くガーデン

淡い紫と優しいピンク。きれいな色の天然石をワイヤーの四つ編みに編みこんで。手もとに花びらが舞うようなブレスレット。

材料

- アーティスティックワイヤー#18……5.8cm
  - #20……8.4cm
  - #22……80cm
  - #26……10cm
  - #28……30cm
- テグス1号……20cm
- カラーパール2mm……8個

[石]
- ピンクトルマリンオーバル(7×9)mm……1個
- ホワイトトパーズラウンドカット3mm……2個
- ピンクオパールラウンド6mm……6個
- ラベンダーアメジストラウンド6mm……6個
- クオーツラウンドカット6mm……8個

<四つ編みの仕組み>

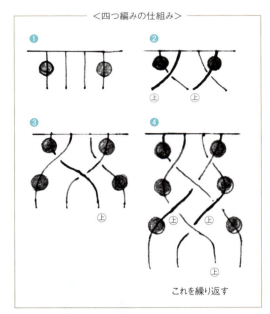

これを繰り返す

1 アーティスティックワイヤー#22の20cmを2本、40cmを1本用意する

2 印を付けて、40cmを半分に折る

3 先端を図のように丸める

4 四つ編みする

5 #26 5cmを2mm巻く

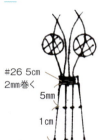

6 図のように丸める

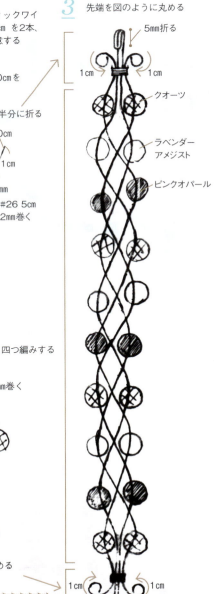

クオーツ
ラベンダーアメジスト
ピンクオパール

7 アーティスティックワイヤー#18に印を付ける

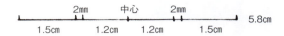

8 ジュエリーハンマーで叩く

9 アーティスティックワイヤー#20に印を付ける

10 先端を丸める

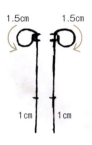

11 8の上に10を重ねる

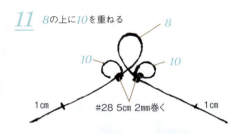

12 先端を丸める

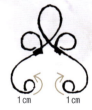

13 図の位置にテグスをつなげて石を付ける

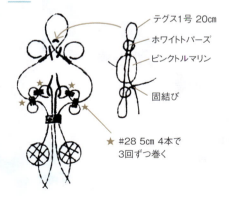

14 ブレスレットの型に丸めて、カラーパール2mmを8個付ける

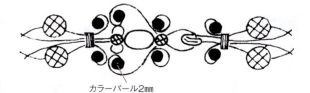

Recipe 32

❖ OLIVE HARVEST

オリーブの実を集めて

ワイヤーを五つ編みした幅広ブレスレット。明るいイエロー系と
シックなオリーブ系の組み合わせが大人の女性に似合いそう。

材料

- アーティスティックワイヤー#20……30cm……5本
  - #26……20cm
  - #30……10cm
- カラーパール3mm……4個
- テグス1号……40cm

[石]
- ハニージェイドラウンドカット6mm……14個
- イエロージェイドラウンドカット6mm…14個
- ホワイトトパーズラウンドカット1mm……8個

先端部分の作り方

1 アーティスティックワイヤー
#20 30cm×5本の先端に印を
付け、図のように並べる

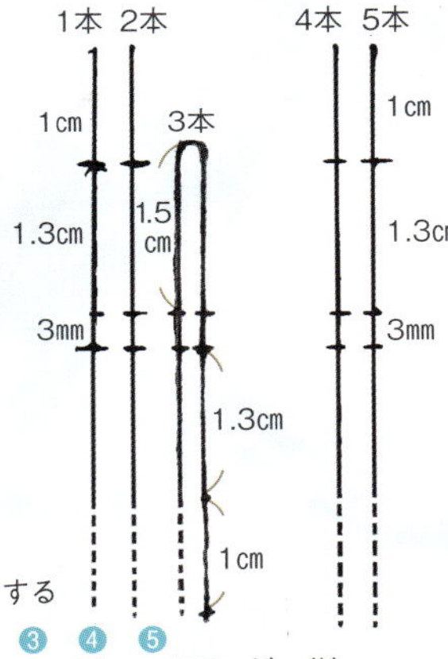

1本　2本　3本　4本　5本

2 #26 10cmで3mm巻く

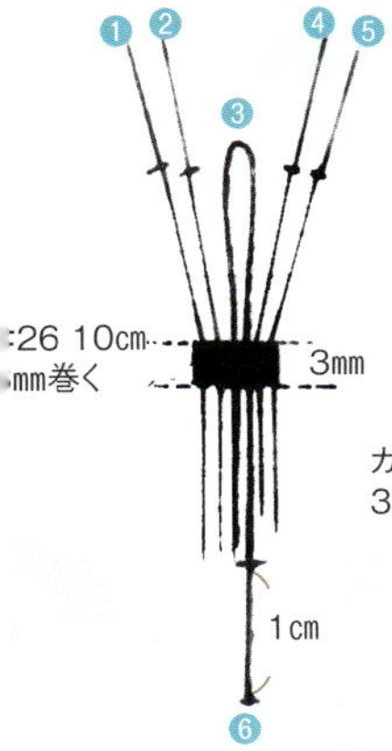

3 図のように丸め、石を付ける

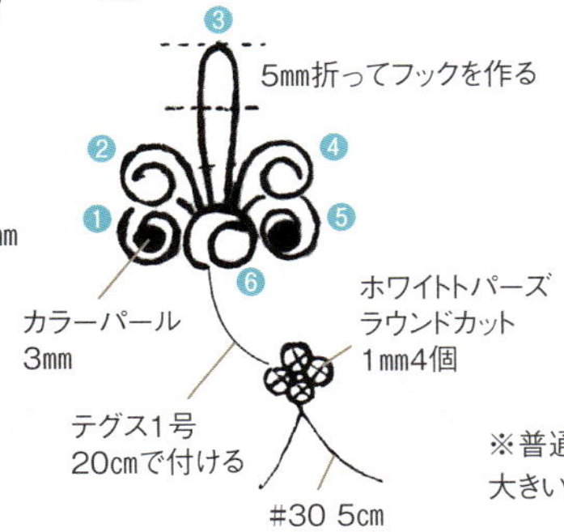

5mm折ってフックを作る

カラーパール
3mm

ホワイトトパーズ
ラウンドカット
1mm4個

テグス1号
20cmで付ける

#30 5cm

4 五つ編みをする

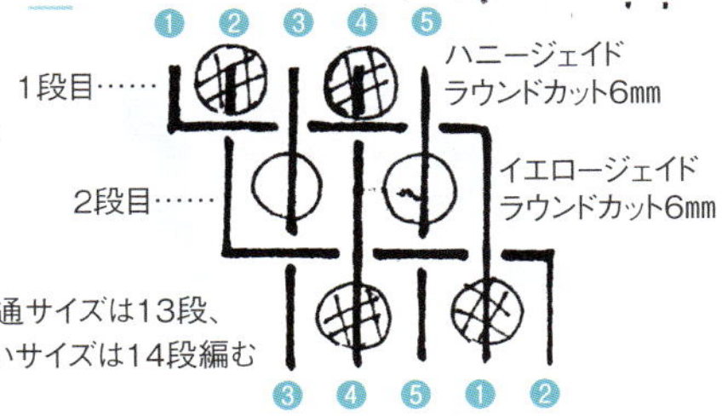

1段目……　ハニージェイド
ラウンドカット6mm

2段目……　イエロージェイド
ラウンドカット6mm

※普通サイズは13段、
大きいサイズは14段編む

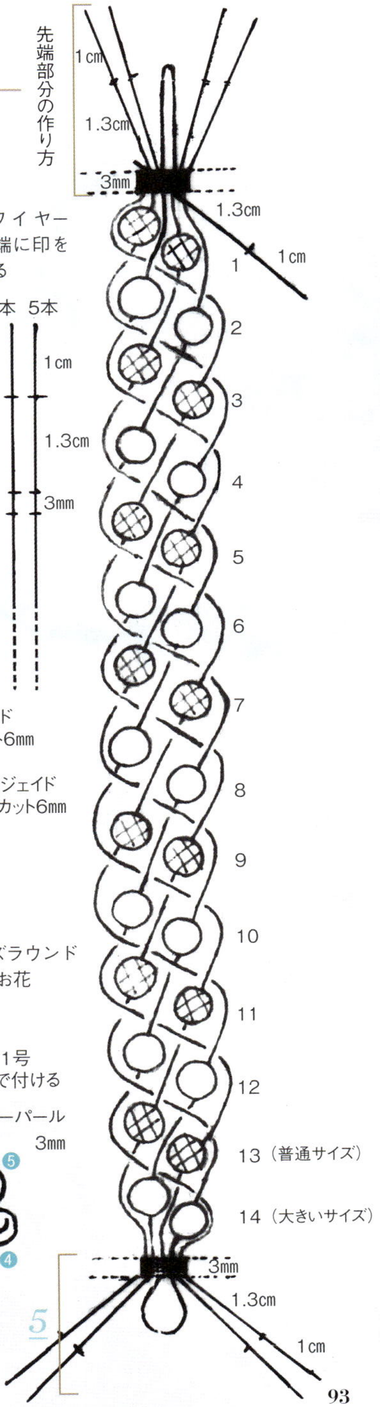

5 印を付ける

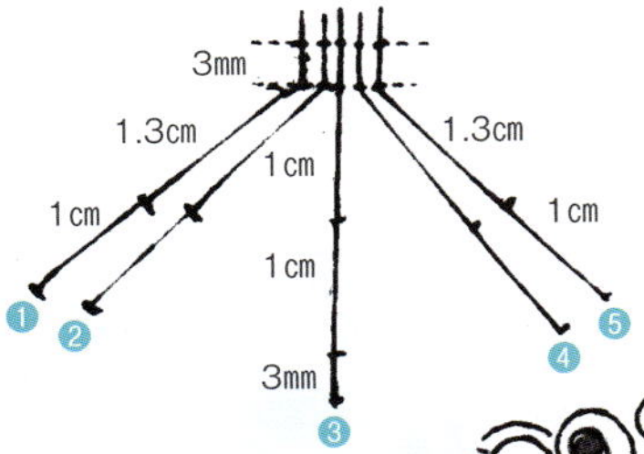

6 中心を丸めて、#26
10cmで3mm巻く

丸める

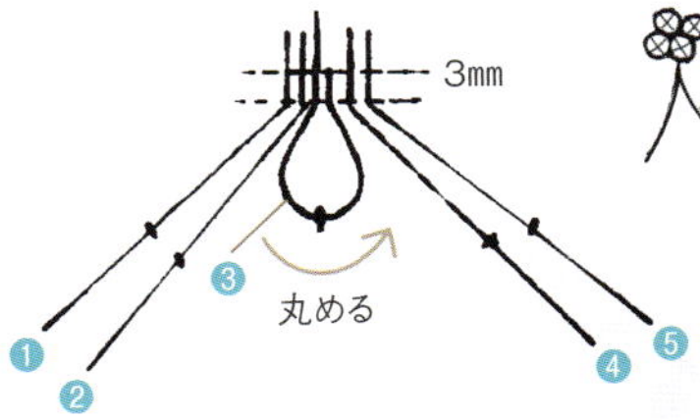

7 ホワイトトパーズラウンド
カット1mm4つのお花

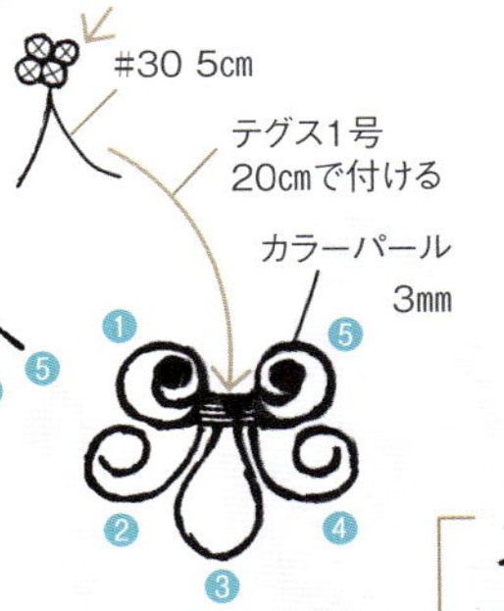

#30 5cm

テグス1号
20cmで付ける

カラーパール
3mm

8 ブレスレット状に
丸めてつなげる

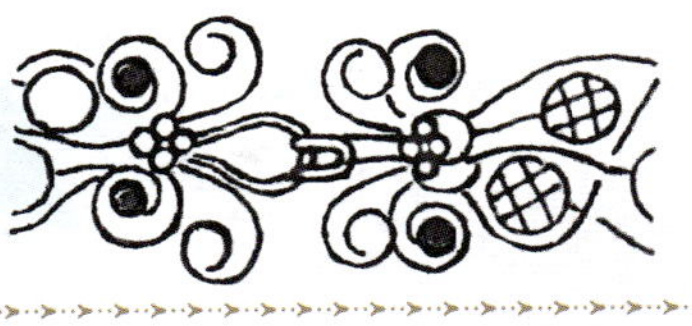

13（普通サイズ）

14（大きいサイズ）

93

Recipe 33

❖ ROMANTIC ROCOCO

雨音はチェンバロの調べ

雨の夕空に浮かぶ月のようなムーンストーン。ミストグレイのなかに白い光が揺れます。軽やかで優美なロココ装飾の幅広ブレスレット。

材料

- 14kgfスクエアワイヤーソフトタイプ #20……10.8cm
  #21……26.8cm
  #22……3cm
- ファンシースクエアワイヤー #21……32cm
  #24……16cm
- アーティスティックワイヤー #20……7.4cm
- アーティスティックワイヤー #28……10cm
  #30……75cm
- テグス1号……40cm

[石]
- グレームーンストーンペアシェイプカット(15×10)mm……1個
- ラブラドライトラウンドカット3mm……6個

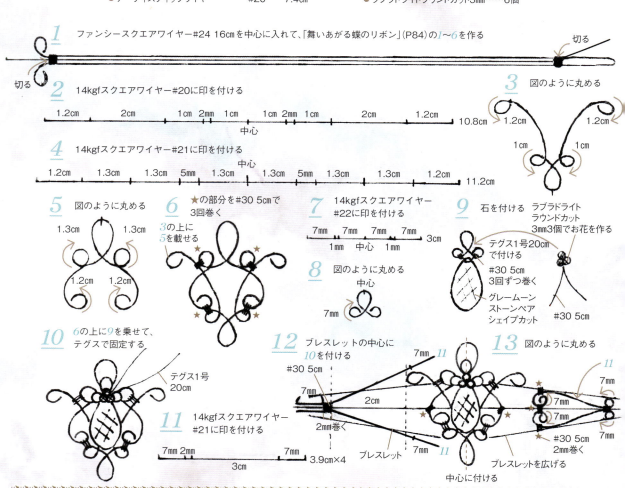

塚本ミカの作品と講座について

●塚本ミカの作品に関するお問い合わせ

渋谷アートスクール

本部　東京都渋谷区桜丘町 14-10 渋谷コープ 302

Tel　03-3462-6236　Fax　03-3462-6251

http://www.shibuyaart.com/SHIBUYAARTSCHOOL3.html

●塚本ミカの講座のご案内（通信講座もあり）

「塚本ミカの NY スタイル・ビーズアクセサリー」

オパールやトルマリン、サンゴや琥珀など人気のジュエリーを使った

本格的なビーズアクセサリーを制作します。

ベーシック、アドバンス、マスター、アーティスト、カジュアルの各コースがあります。

http://www.shibuyaart.com/ARTSEMINARjewelry.html

「塚本ミカのワイヤーデザインジュエリー」

本書でご紹介した作品を中心に初心者の方から

ワイヤーデザインジュエリーの世界が楽しめます。

ビギナー、基礎、上級、アーティストの各コースがあります。

http://www.shibuyaart.com/wire.html

※講座は全国各地にありますので、くわしくはホームページをご覧ください。

講座の詳細については各スクールに直接お問合せください。

また現在、YouTube にて「塚本ミカ beads jewelry channel」を公開中です。

https://www.youtube.com/channel/UC8NqSfMeASOV3nTXsJFzm1g/feed

❧ 著者プロフィール
塚本ミカ

ジュエリーデザイナー、ビーズアクセサリーデザイナー。「NYスタイルビーズアクセサリー」及び「ワイヤーデザインジュエリー」を主宰。ジュエリーデザインとビーズデザインを学んだ後、日本ではじめて天然石だけで作るビーズアクセサリー「NYスタイルビーズアクセサリー」を発表。洗練されたデザインが人気を博す。2010年、まったく新しいワイヤージュエリーである「ワイヤーデザインジュエリー」を提案。渋谷アートスクール他、全国で多くのスクール及び通信講座を開講している。現在、YouTubeにて『塚本ミカbeads jewelry channel』を公開中。

❧ Creative Staff

企画・編集	浅井貴仁（ヱディットリアル株式會社）
スタイリング	曲田有子
文	福田絢子
デザイン	滝本理恵（pasto）
撮影	古本麻由未

読者の皆様へ

本書の内容に関するお問い合わせは、お手紙またはFAX（03-5360-8047）、メール(info@TG-NET.co.jp)にて承ります。恐縮ですが、電話でのお問い合わせはご遠慮ください。

『はじめてのワイヤーデザイン
リング&ブレスレット』編集部

はじめてのワイヤーデザイン
リング&ブレスレット

2019年9月5日 初版第1刷発行

［著　者］塚本ミカ
［発行人］穂谷竹俊
［発行所］株式会社日東書院本社
　　　　　〒160-0022 東京都新宿区新宿2丁目15番14号 辰巳ビル
　　　　　TEL 03-5360-7522（代表）　FAX 03-5360-8951（販売部）
［振替］　00180-0-705733　URL http://www.TG-NET.co.jp

［印刷］三共グラフィック株式会社　［製本］株式会社セイコーバインダリー

本書の無断複写複製（コピー）は、著作権法上での例外を除き、著作者、出版社の権利侵害となります。乱丁・落丁はお取り替えいたします。小社販売部までご連絡ください。

©Mika Tsukamoto 2019 Printed in Japan
ISBN 978-4-528-02266-9 C2077